이 책은 환경부와 함께
모두가 건강한 세상을 위한
특별기획으로 만들었습니다.

황사의 여행

초판 1쇄 발행 | 2008년 2월 5일
초판 9쇄 발행 | 2018년 10월 30일

지은이 | 강순희
그린이 | 김용아
펴낸이 | 조미현

펴낸곳 | (주)현암사
등록 | 1951년 12월 24일 · 제10-126호
주소 | 04029 서울시 마포구 동교로12안길 35
전화 | 365-5051 · 팩스 | 313-2729
전자우편 | child@hyeonamsa.com
홈페이지 | www.hyeonamsa.com
트위터 | www.twitter.com/hyeonami
페이스북 | www.facebook.com/hyeonami
블로그 | blog.naver.com/hyeonamsa

글 ⓒ 강순희, 이화여자대학교, 환경부, (주)현암사 2008
그림 ⓒ (주)현암사 2008

ISBN 978-89-323-7114-6 73530

저작권자와 협의하여 인지를 생략합니다.
잘못된 책은 바꾸어 드립니다. 책값은 뒤표지에 있습니다.

해로운 화학물질에서 자신을 구하는 환경동화
|지구환경 편|

황사의 여행

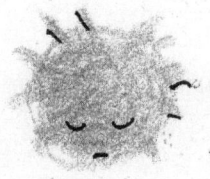

강순희 지음 | 김용아 그림

현암사

머리말

제가 꼬마이던 시절, 여름철이면 하루 종일 바닷가에서 헤엄치며 놀았어요. 저녁이면 온몸이 화끈거려 밤잠을 설쳤지만 피부에서 하얀 껍질이 한 꺼풀 벗겨지고 나면 괜찮았답니다. 비오는 날 동네 친구들과 하염없이 비를 맞으면서 온 동네를 뛰어놀기도 하고, 학교 운동장에서 재미있는 놀이에 빠지기도 했지요. 공작 시간에 사용하는 찰흙도 땅을 파서 얻어 낸 흙을 몇 시간 동안 주물러 우리가 직접 만들었습니다. 밤하늘에는 별이 총총히 빛났고, 할머니 무릎에 누워서 알아맞히던 별자리 이름을 아직도 생생히 기억하고 있습니다. 주말이면 엄마와 함께 빨래터에 가서 비누로 문지르고 맑은 물에 헹궈 가며 빨래도 했지요.

그런데 요즘은 비만 오면 자동차나 옷에 심하게 얼룩이 지는 걸 볼 수 있답니다. 여러분이 공작 시간에 사용하는 점토는 손쉽게 문방구에서 살 수가 있고 색깔까지 다양하지요. 빨래는 흔히 세탁기에 합성세제를 넣어 합니다. 가까운 곳에 가더라도 걸어가기보다는 버스나 승용차로 빠른 시간에 도착하려 하지요. 이와 같이 우리의 생활환경은 날이 갈수록 점점 편리해지고 있답니다. 그러나 좋은 점과 나쁜 점을 동시에 갖게 되는 것이 세상의 이치이지요. 우리의 생활이 점점 편리하게 될 때, 우리 주변의 지구환경도 그만큼 나빠질 수 있는 겁니다.

이제 여러분이 아침에 눈뜨는 순간부터 밤에 잠들 때까지 하루 종일 생활하는 지구환경 속 화학물질 이야기로 들어가 볼까요? 이 책은 우리 주변 환경에 숨은 해로운 화학물질과 그로 인해 점점 병들어 가는 지구환경 문제를 담았습니다. 지구환경이 병들면 우리도 병들게 됩니다. 황사와 산성비, 오존층 파괴와 중금속 등으로 일어나는 문제를 보면서 여러분 스스로 '왜 이럴까?' 생각하게 된답니다. 호기심과 문제의식을 가지면 해결의 열쇠를 찾아나갈 수 있는 길도 열릴 거예요. 가까이에 계신 부모님, 사회 현장에 계신 과학자, 의사 선생님, 또는 학교에 계신 선생님과 의논하면서 지구환경을 지킬 수 있는 다양한 방법을 찾아볼 수 있지요. 이 책을 통하여 여러분이 자신은 물론, 미래 어린이들의 환경을 지키는 데 앞장설 수 있다면 저는 정말 행복하겠습니다.

2008년 2월 강순희

차례

| 머리말 | 6 |

1. 꼭 챙겨야죠, 자외선 차단제!　　　11
　　－여름 여행의 필수품

2. 오렌지처럼 새콤한 비?　　　22
　　－위험한 산성비

3. 황사의 여행　　　31
　　－황사를 조심하세요!

4. 민재의 손에 무슨 일이?　　　39
　　－위험한 중금속

5. 보글보글 예쁜 거품이지만　　　52
　　－합성세제의 유해성

6. 파란 하늘이 좋아요.　　　58
　　－오존층 파괴와 스모그

1. 꼭 챙겨야죠, 자외선 차단제!
여름 여행의 필수품

아빠! 어서 일어나세요.
엄마! 벌써 아침이에요.
민서얏! 그만 좀 자라.

서연이가 부모님과 동생을 깨우느라 바쁘네요. 웬일로 이렇게 일찍 일어났을까요? 오늘이 서연이네 가족이 바다로 놀러가기로 한 바로 그날이거든요. 지난밤부터 서연이는 여행가방을 챙기느라 내내 신이 났습니다.

"무지개색 수영복도 가져가고, 바다 속 친구들과 만날 수 있는 물안경이랑…… 물오리 텀벙이가 욕실에 있던가? 내가 제일 좋아하는 분홍색 꽃이 가득한 튜브도 가져가야지."
드디어 바다로 향하는 차 안에서 서연이는 내내 꿈을 꾸는 것만 같군요. 아직 도착하지도 않은 바다가 눈앞에 보이는 표정입니다.

나 텀벙이..

"바다야~ 서연이가 왔다!"
서연이는 당장 바다로 달려갈 기세로군요.
"잠깐! 서연아, 선크림 바르고 놀아야지, 이렇게 해가 나는데."
어머니가 불러 세우십니다.

"전에 계곡에 놀러갔을 때 발랐던 그 끈적끈적하고 하얀 크림?
우~ 싫은데."
"좀 끈적거리긴 해도 필요한 거니까 발라야지. 또 하루 종일 바닷물에서
놀 거잖니."
"안 발라도 괜찮아요. 서연이가 오늘 좀 바쁘거든요!"

바다를 향해 바람같이 사라지는 서연이를 결국 붙잡지 못하셨네요.
조금 느린 민서에게만 우선 선크림을 발라 주십니다.

민서와 바닷가에서 달리기도 하고 튜브에 몸을 싣고 파도를 따라 둥둥 떠다
니기도 하고 모래 속에 들어가 따끈따끈 모래찜질도 하며 신나게 놀던 서연
이는 꼬르륵 배가 고파졌어요. 엄마 아빠에게 돌아와 김밥을 맛있게 먹네요.
그런데 엄마가 민서에게 또 그 선크림을 발라 주시는 게 아니겠어요?
"엄마, 그걸 또 발라요? 아까 바른 거잖아요."
"그래, 물속에서 놀면 지워지니까 다시 바르는 거야."
"어휴~ 어차피 지워질 거 안 바르길 잘했네."

엄마는 아무 말씀 안 하시네요. 서연이와 민서는 아빠와 모래성을 쌓다가 다시 바다로 달려갑니다. 밥을 먹고 바로 물속에 들어가면 안 되지요? 서연이는 엄마가 돌아갈 시간이라고 부르러 오실 때까지 바다에서 신나게 놀았습니다.

열심히 놀았으니 짭짤한 바닷물과 모래를 깨끗이 씻어야겠죠? 그런데 평소대로 뜨거운 물을 틀었더니 그만, 몸이 너무 따끔거리네요. 하루 종일 뜨거운 햇빛을 받아서 그런 걸까요. 팔도 어깨도 목도 모두 따끔거려서 서연이는 차가운 물로 겨우겨우 살살 목욕했어요.

거울을 보니 얼굴이며 팔 어깨 온통 빨갛게 되었네요. 하지만 서연이는 '괜찮겠지' 하고 생각했어요. 전에도 이런 적이 있었는데 며칠 지나면 곧 괜찮아졌 거든요. 살갗이 벗겨지긴 했지만 더 아프진 않았으니까요.

그런데 오늘 밤에도 서연이는 전날 저녁처럼 잠을 잘 수가 없네요. 반듯 이 누우면 등이 바닥에 닿아 따끔따끔 아프고 옆으로 누우면 팔이 바닥에 닿아

바닷가에서 최고로 재밌는 놀이는?
① 바닷바장에 연을 날리며 논다. 연은 해파리연이 좋겠다.
② 모래사장에서 달리기를 한다.
③ 그늘에서 밀린 숙제를 한다.
④ 조개껍데기를 주워다가 방을 장식한다.
⑤ 휴대전화로 인터넷게임을 한다.
⑥ 여러분이 생각하는 최고 놀이는 무엇인가요? 생각해 보세요 -
⑦
⑧
⑨

13

아파요. 엎드리면 어깨가 따끔거려 도저히 잘 수가 없어요.
옆에서 쿨쿨 자는 민서가 정말 부럽네요.

"아파라. 그 선크림을 안 발라서 이런 건가? 이상하다.
전엔 안 그랬는데……."
다음날 낮이 되어도 서연이 어깨는 여전히 활활 타는 듯하네요.
뭐든 닿기만 하면 너무 아파서 옷을 입기도 힘들었어요.
게다가 어깨와 팔에는 물집 같은 것이 생겨나기
시작했어요.

"안 되겠는걸. 서연아 병원에 가 봐야겠다."
걱정스러운 얼굴로 엄마가 말씀하십니다.
"벼, 병원이요?"

서연이 큰일 났네요. 엄마의 표정이 아주 심각합니다.
"물집까지 생긴 걸 보니 쉽게 안 가라앉겠다. 고집쟁이 아가씨!"

병원이란 말에 서연이는 더럭 겁이 났지만 언제까지나 활활 타오르는
'고구마'로 살 수는 없었어요. 걱정되고 두근거리는 마음으로 서연이는
엄마 손을 꼭 잡고 병원에 갑니다.

*선탠(suntan) : 피부가 자외선으로부터 스스로를 보호하려고 표피의 기저층에 있는 멜라닌 세포를 자주 추가로 생성하는 과정. 자연적으로 햇빛에 의해 만들어지지만 최근 건강하고 멋지게 보이기 위해 일부러 기계(TANNING BOOTH)로 그을리기도 하는데, 그다지 바람직하지 않다.

*선번(sunburn, 일광 화상) : 심하면 머리가 멍해지고 구토 증세나 쇼크가 오기도 한다. 흰 피부에 주근깨가 많고 파란 눈의 사람들이 더 쉽게 겪는다.

"이야, 우리 서연이 정말 신나게 놀았구나? 굉장한데."
빨갛게 익은 서연이를 보시더니 의사 선생님이 감탄하시네요.
"아니, 놀리시는 거지요?"
선생님은 서연이의 어깨와 팔을 살펴보시고 어머니께 이것저것
물어보시더니 말씀하십니다.
"2도 화상이네요."
"네? 2도 화상이요?"
어머니도 좀 놀라신 모양입니다.
"어린아이는 피부가 훨씬 민감하고 약해서 강한 여름철 햇빛에 오랫동안
노출되면 화상을 입을 수 있어요. 보통은 좀 타는 정도지만 심한 경우에는
물집이 생기고 궤양을 만들기도 하지요."

의사 선생님은 서연이의 어깨와 팔에 연고를 바르고 거즈로 덮은 뒤에
붕대로 감아 주셨습니다.
이제 곧 낫겠지요?
기분이 한결 나아진 서연이가 묻습니다.
"선생님, 선크림만 바르면 바다에서 오래오래 놀아도 아프지 않나요?"
"글쎄, 보통 선크림이라고 부르는데 정확한 이름은 자외선 차단제란다.
사람에게 해로운 자외선을 막아 주니 아프지 않지."

화상을 입었을 때는? 심하지 않은 경우 집에서 치료할 수 있어요. 찬물이나 찬 우유로 식혀 주거나 감자나 오이로 팩을 해도 좋아요. 열을 내려 주는 채소랍니다. 수포는 일부러 터뜨리지 말고 응급처치 후에 진료를 받는 것이 좋고요, 통증을 참기 힘들면 진통소염제를 먹기도 하지요. 물을 많이 마시는 것도 중요해요. 주스도 좋아요.

"자외선이요?"

서연이가 미처 몰랐던 것이네요.

"자외선은 태양에서 나오는 빛의 한 종류란다. 우리에게 이로운 점도 있지만 지나치게 노출되면 피부가 빨갛게 되고, 심하지 않은 경우라면 자연스럽게 괜찮아지기는 해요. 이 정도는 '일광 화상' 또는 '선번'이라고 하는데, 여태까지 서연이는 선번이었던 모양이네. 하지만 더 많은 자외선을 받으면 이번처럼 물집이 생기고 화상을 입을 수가 있어요. 게다가 우리 몸의 면역력까지 약화시킬 수 있단다."

"햇빛이 그렇게 무서운 건지 몰랐어요. 사람들은 일부러 일광욕도 하고 그러잖아요?"

"그래, 자외선이라고 우리에게 나쁜 것만은 아니란다. 피부는 자외선을 받아 비타민 D를 만들어요. 뼈를 튼튼하게 만들어 주는 비타민이지. 자외선은 살균 효과도 있어. 해가 쨍쨍 맑은 날에 어머니가 이불이나 담요를 밖에 걸어 두시잖아? 이불에 붙어 있는 진드기는 빨래를 해도 죽지 않고 떨어지지도 않는데 햇빛만 쬐면 죽는단다."

"우와! 진드기는 어둠의 자식들이네. 그런데요, 자외선 차단제 용기에는 알 수 없는 말이 잔뜩 써 있어요. 왠지 몸에 나쁠 것 같아요."

*자외선 : 태양광의 스펙트럼을 사진으로 찍었을 때 가시광선보다 짧은 파장으로, 눈에 보이지 않는 빛. 파장이 긴 것은 적외선으로, 열감으로 느낄 수 있다. 자외선은 파장이 약 397~10nm인 전자기파를 말하며, UVA, UVB, UVC 세 가지가 있다. UVC는 오존층에 흡수되어 지표에 닿지 않고, UVA는 피부 깊이 침투해서 멜라닌을 증가시키고, UVB는 주로 표피에 작용, 일광 화상을 초래한다.

"자외선 차단제는 여러 화학물질로 만들어진 것이거든. 이런 성분이 때로는 우리 몸에 좋지 않은 영향을 주는 것도 사실이란다. 그렇다고 무조건 나쁜 것만은 아니에요. 우리가 믿고 먹는 감기약만 해도 갖가지 부작용이 있지만 필요한 경우에 알맞게 사용하면 해롭지 않아요."
"그래요? 아, 아이스크림도 맛있지만 많이 먹으면 배탈나니까."
"그래그래. 맛있는 아이스크림이 꼭 몸에 좋은 건 아니라는 건 알지요? 하지만 먹고 싶을 때 조금씩만 먹으면 아프지 않잖니?"

열심히 듣고 계시던 서연이 어머니께서 궁금한 표정입니다.
"그런데 자외선 차단제 종류가 어찌나 많은지. 어떤 것을 써야 할지 잘 모르겠어요."

의사 선생님은 종이를 한 장 꺼내시더니 그 위에 알파벳 세 개를 쓰셨습니다.
"에스 피 에프? 이게 뭔가요?"
"SPF는 자외선 차단 지수를 뜻합니다. 햇빛에 노출되었을 때 피부가 안전한 정도를 알려 주지요. 보통 SPF15 정도면 알맞답니다."

그리고 선생님은 알파벳 두 개를 더 적으십니다.
"이건 피랑 에이네요?"

"서연이 영어 실력이 제법인데? 그래, PA는 자외선 중에서도 자외선 A의 차단 효과를 의미한단다. PA 옆에 +표시가 많을수록 강력한 것인데, 한두 개 정도면 충분하단다."
"어휴, 좀 어렵지만 꼭 알고 있어야겠네요."

여러분, 기억하세요! 서연이가 방심했던 해변뿐 아니라 눈 덮인 산이나 물이 하나도 없는 사막에서도 햇빛에 화상을 입을 수 있답니다. 놀랍지요? 왜냐하면 눈이나 물, 모래는 빛을 반사하는 정도가 80~100%! 그러니까 직사광선뿐 아니라 반사광도 조심해야 한다는 말씀! 1년 내내 눈이 덮인 높은 산꼭대기처럼 추운 곳에서도 화상을 입는답니다. 피부 노화의 90%는 햇빛에 의한 것이라고 하니, 굉장하지요? 고맙기도 하고 얄밉기도 한 해님이로군요. 자외선 차단제는 여름뿐 아니라 사계절 내내 챙겨야 하겠지요?

서연이가 어려워하네요. 우리 같이 서연이를 도와줄까요?

*SPF(sun protection factor, 자외선 차단 지속 시간) : 자연피부가 차단하는 정도에 대한 배수. 수치가 높을수록 보다 잘 차단하는 것이지만 높을수록 좋다는 건 아니다. 효과는 좋더라도 착용감이 나쁘거나 부작용도 높아질 수 있기 때문. 하루 종일 노출할 수 있는 자외선 양이 15배 정도이므로 정상인은 SPF15 정도면 충분하다. 효과는 3시간 정도이므로 그 이상 노출할 때에는 반복해서 바른다. 광과민성이 있는 경우에는 예방 목적으로 25 이상이 바람직하다.
*PA(protection grade of UVA) : +는 2배, ++는 4배 차단한다. 자외선은 기온이 높으면 더 잘 흡수한다.

이럴 땐 이런 제품을 사용해요.

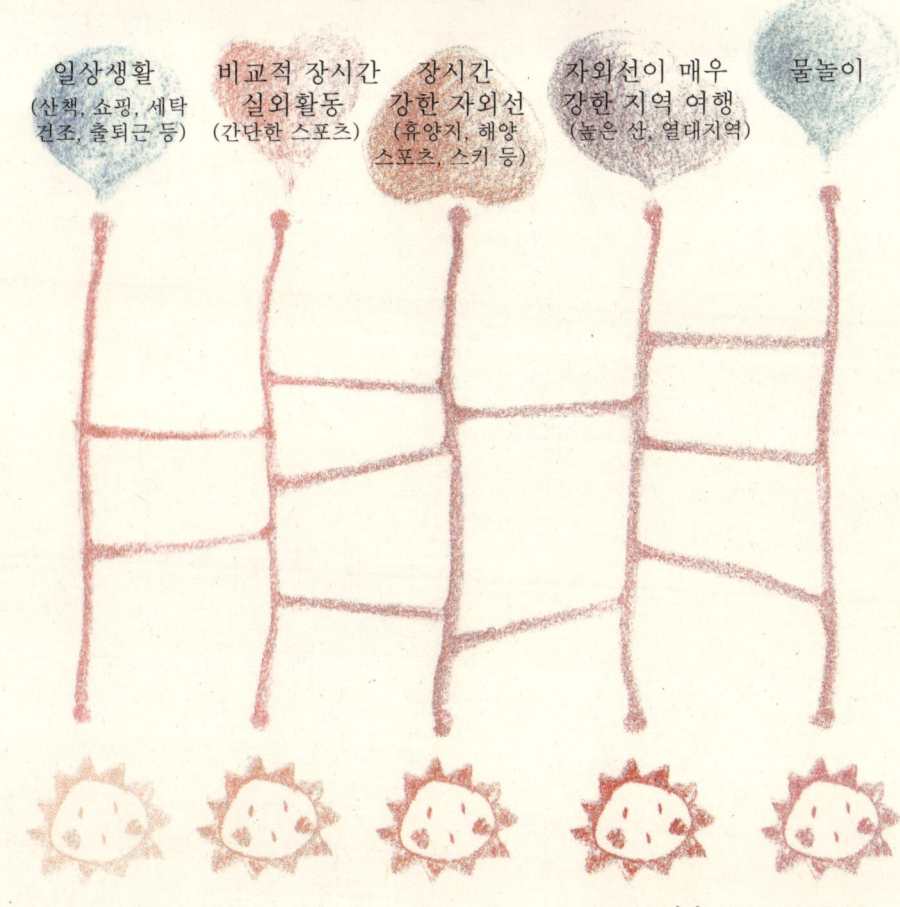

| 일상생활 (산책, 쇼핑, 세탁 건조, 출퇴근 등) | 비교적 장시간 실외활동 (간단한 스포츠) | 장시간 강한 자외선 (휴양지, 해양 스포츠, 스키 등) | 자외선이 매우 강한 지역 여행 (높은 산, 열대지역) | 물놀이 |

1시간 내외-내수성 SPF10 전후   SPF10~30   SPF30 이상   SPF 30
2시간 내외-지속 내수성 PA+   PA++   PA++~PA+++   PA+++

물음표에는 무엇이 들어갈까요?

자외선

자외선 차단지수

자외선 차단등급

U?
S?F
P?
          A
          P
          V

자외선 차단제를 발라 봅시다.

자외선 차단제는 여러분의 살갗에 바르는 로션이에요.
자외선으로부터 피부를 보호해 주지요. 어떤 제품은
다른 것보다 효과적이랍니다.
기억하세요. 숫자가 15 이상인 것을 사용해야 합니다!
그림에서 가장 효과가 좋은 자외선 차단제는 어느 것인가요?

자, 이번에는 여러분 몸에 발라 볼까요?
어디에 바르면 좋을지 동그라미해 보아요.

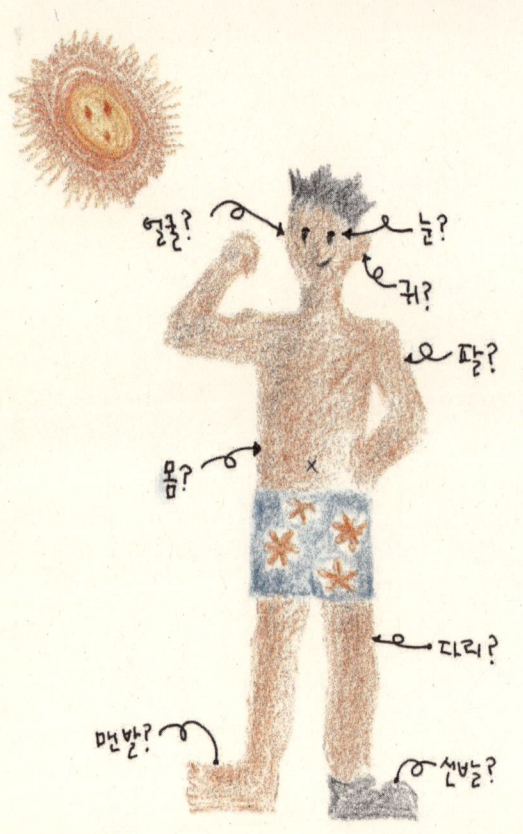

엄마와 함께 읽어요.

* 6개월 미만의 아기는 태양광선을 피하는 것이 좋아요. 부득이한 경우에는 긴소매의 옷을 입는 것이 좋아요.
* 어른용 제품을 사용할 경우에는 가능한 오일베이스 제품을 쓰는 것이 좋아요.
* 눈 주위에 바르면 어린이가 눈을 비비다가 눈에 들어가 부작용이 생길 수 있으므로 눈 주위를 피해서 발라 주세요.
* 대체로 자외선 차단제는 바르고 물속에 들어가면 물에 지워집니다. 밖으로 나오면 곧 몸의 물기를 잘 닦은 후 다시 발라야 차단 효과를 유지할 수 있답니다.
* 노출된 피부에 골고루 피막을 입히듯이 충분히 바르고, 보통 외출하기 30분 전에 발라 흡수된 후에 외출하세요.

자외선 완벽 차단 작전

자외선 차단제를 발라도 땀에 지워지거나 옷에 묻어 사라지지요? 자외선 차단제 말고도 우리가 자외선을 피할 수 있는 방법에는 어떤 것이 있을까요?

퀴즈
* 자외선을 가려 주는 ___를 쓰지요. *자외선에 안전하도록 ___을 발라요.
* ___를 쓰면 시원해요. *밖에서 오래 놀 때는 팔이 ___ 옷을 입지요.
* 시원한 ___에서 노는 게 좋아요.

2. 오렌지처럼 새콤한 비?
위험한 산성비

거울같이 맑은 호수가 있었어요.
맑은 물에만 사는 물고기가 많이 살던 호수였어요.
그래서 낚시하는 사람도 좋아하는 곳입니다.
물고기가 먹을 것도 많았겠죠? 잠자리며 달팽이, 플랑크톤도 많이 살던
호수입니다.

서쪽 산에서 불어오는 바람도 개구리와 하루살이의 친구입니다. 가끔 찾아오는 비 아저씨도 모두 반가워합니다. 이 멋진 호숫가에는 호수만큼 멋진 아름드리 나무 아저씨가 살고 있답니다. 오랜 동안 아무리 거센
비바람도 이겨 낸 든든하고 믿음직한 나무입니다.

그런데 얼마 전부터인가 호숫가의 친구 모두 기분이 좋지 않기 시작했어요. 거울같이 맑던 호수는 이상한 냄새가 나고, 개구리의 알은 올챙이가 되지 못하고 녹아 버렸어요. 물고기도 숨쉬기가 힘든지 자꾸만 물 위로 떠오릅니다.

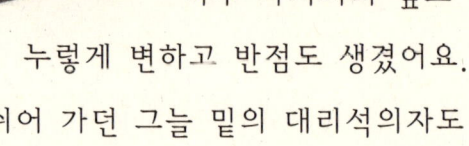

나무 아저씨의 잎도
누렇게 변하고 반점도 생겼어요.
사람들이 쉬어 가던 그늘 밑의 대리석의자도
보기 흉하게 변했네요. 이젠 놀러오는 사람도
더 이상 없었어요.
이렇게 한적해진 호수에 어느 날 수민이와
아버지가 찾아왔습니다.

"아빠, 정말 오랜만이에요. 예전엔 참 자주 왔었는데. 이 호수 정말
좋아했잖아요. 멋진 나무 아저씨도 정말 보고 싶었어요."
"그래, 3년 만에 한국에 돌아왔으니, 그동안 나무도 많이 자랐겠지?"

수민이의 아버지는 대학에서 환경을 가르치고 연구하는 선생님이에요.
미국의 대학에 가셔서 3년 동안 연구하시고 돌아오셨답니다. 오늘은 모처럼
수민이와 함께 좋아하던 호숫가로 소풍을 나온 것이에요.

"그런데 아빠, 좀 이상해요. 나뭇잎이 누렇고요, 개구리 소리도 들리지
않고…… 낚시하던 아저씨도 보이지 않아요. 얼굴은 왜 이렇게 간지럽지?"

그때 하늘이 갑자기 깜깜해지더니 비가 내리기 시작합니다.
수민이와 아버지는 나무 밑으로 비를 피했어요. 문득 아버지는
떠오르는 것이 있었습니다.

"여기도 산성비가 내리는 곳이 되었나 보구나."
"산성비요? 산성비가 뭐예요?"
"산성비란 보통 공장에서 석탄, 석유 등의 연료를
태울 때 나오는 물질이 비에 녹아서 식초처럼 산성이
된 비란다."

수민이와 아버지의 대화를 잠자코 듣던 나무 아저씨가 이윽고
입을 열었습니다.
"당신이라면 우리를 도와줄 수 있을 것 같군요. 우리는 병들어 가고
있습니다. 얼마 전부터 비가 내릴 때마다 호수의 작은 물고기와 개구리가
사라지고, 저도 지금은 열매를 맺지 못해요."

지나던 비바람도 한마디 합니다.
"저는 오는 길에 옆도시에서 만들어 내는 기분 나쁜 물질을 실어오게 되어서
괴롭답니다. 맑은 공기와 비를 몰아오고 싶지만 어쩔 수가 없어요."
모두 입을 모아 말합니다.
"뭔가 잘못된 게 틀림없어요."

어느새 비가 그치고 햇살이 나뭇잎 사이로 비칩니다.
수민이는 이상하다는 표정입니다.

*산성비 : 공장이나 자동차의 배기가스 등에 섞여 나오는 유황 산화물과 질소 산화물이 공기 중에 머무르는 동안 수증기와 섞인다. 이것이 산화되어 황산이나 질산이 포함된 비나 눈 또는 안개나 이슬이 되어 내리는 것을 통틀어 산성비라 부른다.

"아빠, 이 호숫가에는 공장도 없고 자동차도 많이 다니지 않는데 어째서 산성비가 내리는 건가요?"
"바람이 불 때 먼 곳에 있는 그런 물질이 함께 실려와 비에 섞여서 산성비가 되어 내릴 수 있단다."

"산성비가 그렇게 나쁜 건가요?"
"그럼, 모든 생명체에게 해로운 것이지. 사람들에게는 직접 눈이나 피부를 자극해서 아프게 하기도 하고 호수나 강에 사는 미생물들은 산성비 때문에 분해 활동을 잘 못해서 결국 생태계의 질서가 무너질 수 있어요. 우리도 거대한 생태계의 일부분이라는 것 수민이도 잘 알잖니……. 흙을 통해서 흘러나오는 알루미늄 이온은 물고기가 숨쉬는 것을 힘들게 하지. 또 산성비는 잎에 있는 기공을 막아서 나무의 잔뿌리가 마음껏 뻗어 나가지 못하게 해서 결국은 말라죽게 한단다."

"그렇게 무서운 일이 일어나다니! 그래도 우리가 호수와 나무를 위해서 할 수 있는 일이 있지 않을까요?"
수민이는 아파하는 물고기와 나무를 생각하니 안타깝습니다.
"여러 가지 일이 있단다. 하지만 다같이 힘을 합쳐 애쓰지 않으면 참 힘든 일이거든. 자가용보다 버스 같은 대중교통을 이용하는 것도 큰 도움이 되지. 쓰지 않는 전등은 꼭 꺼놓거나 절약용 조명으로 바꾸어야 한단다.

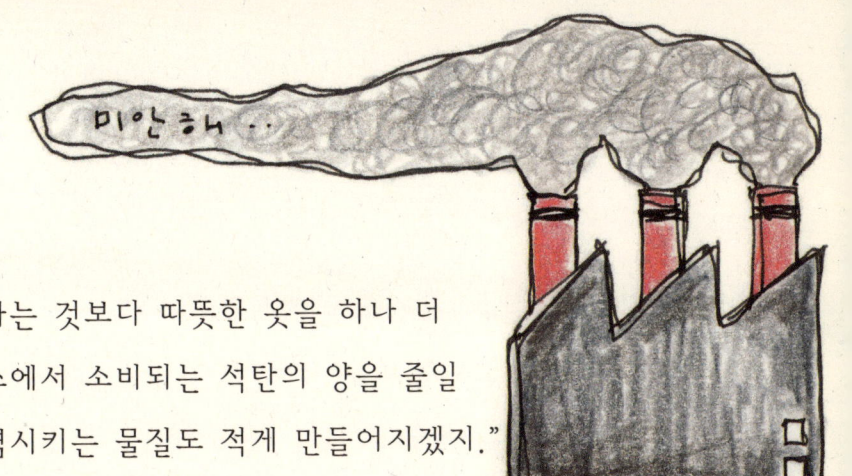

겨울에 집을 따뜻하게 하는 것보다 따뜻한 옷을 하나 더 입는 것이 결국은 발전소에서 소비되는 석탄의 양을 줄일 수 있으니까 공기를 오염시키는 물질도 적게 만들어지겠지."

수민이의 표정이 진지하네요.
"다행이다! 제가 할 수 있는 일도 아주 많은 것 같아요."

"당신 같은 사람이 있어 아직 우리에겐 희망이 있군요. 영문도 모르고 괴로워만 했는데, 수민이와 아버지 같은 사람이 많이 있으리라 믿습니다."
"미안해요, 나무 아저씨. 사람들이 일부러 여러분을 아프게 하려는 건 아닐 거예요. 사람들에게 알려서 어서 빨리 호수와 물고기 모두 건강한 모습을 되찾을 수 있도록 노력할게요."

수민이 아버지는 집에 돌아오셔서 오염을 측정할 수 있는 기계를 이용해 호수의 생태계를 살펴보고 오염 상태가 어느 정도인지 알아보기로 하셨습니다.

> 호수나 늪의 물은 고여 있어서 산성비에 더 큰 해를 입지요.
> 산성화된 물에는 플랑크톤이 살 수 없어요. 그럼 굶어죽는 생물이 많지요.
> 물고기가 알을 낳거나 짝짓기도 어려워지고 낳더라도 녹아 없어집니다. 물을 정화시
> 키는 미생물도 죽어서, 호수의 물이 썩게 되지요. 그러면서 늘어나는 알루미늄
> 성분 때문에 물고기가 떼죽음을 당하기도 합니다.

사람들의 작은 실수, 무관심이 자신들이 모르는 사이에 호수의 생태계를 얼마나 못쓰게 만들었는지, 확인해 보는 것도 중요해요. 이렇게 가슴 아픈 결과를 보여 주면 사람들은 보다 쉽게 자신들의 실수를 이해하고 문제를 해결하기 위해 노력하겠지요.

현재 공기 중에는 0.03% 정도의 이산화탄소가 있답니다. 비가 내리면 빗물과 공기 중의 이산화탄소가 반응을 해서 아주 깨끗한 공기도 탄산이라는 아주 약한 산을 만들어요. 오염이 되지 않은 빗물도 25°C를 기준으로 하여 산성도를 알아보면 pH가 5.7쯤 된답니다. 흔히 pH가 5.6 이하면 산성비라고 하지요. pH(페하)는 용액 속의 수소 이온 농도를 뜻하는데, 수소지수라고도 부른답니다.

산성비를 줄일 수 있는 방법에 동그라미해 보세요!

빠르고 저렴한 버스 이용!

엄마 / 뒷자리총마 / 앞집 아저씨 / 누나
같은 시간에 같은 방향으로 가시는 분들, 타세요!

나 혼자 차 타기!

냉장고문 열어 놓기

차 대신 자전거 이용하기

필요 없는 등은 꺼놓아요!

전등 모조리 켜놓기!

지하철! 막히지 않아요-

산성비를 맞으면 식물은 어떻게 자랄까?

직접 실험해 보아요.

식물재배 장치

① 창가에 강낭콩을 하나씩 심은 화분을 준비한다.
② 준비한 물을 분무기로 매일 준다.
③ 강낭콩이 각기 어떻게 자라는지 관찰하자.

식초물   뿔뿔가루   생수
(pH 4.0)   (pH 8.0)

산성비는 먼저 식물의 잎에 떨어져서 잎의 세포를 보호하는 세포막부터 조금씩 망가뜨립니다. 기공을 파괴하고, 잎 속의 세포를 파괴합니다. 그러면 잎의 세포 속에 있는 엽록소가 파괴되어 누렇게 변하고, 광합성을 잘 할 수 없어서 잘 자라지 못하지요. 게다가 세포액이 산성화되어 세포의 크기뿐 아니라 잎의 크기도 작아진답니다. 씨앗이 싹틀 때에는 기형조직이 나타나게 하기도 해요. 잎과 줄기, 꽃가루도 제대로 만들어지지 않아요. 산성비는 가을이면 잎을 떨어뜨리는 낙엽수보다 늘 잎을 달고 있는 상록수에 더 많은 피해를 주겠지요? 먼저 나무 꼭대기의 바늘잎부터 누렇게 변하고 점점 전체로 퍼져서 죽어 갑니다.

3. 황사의 여행
황사를 조심하세요!

"수민이 오늘 하루도 즐겁게 보냈니? 학교 친구와도 잘 지냈고?"

"네! 근데 아빠, 오늘 서연이도 민재도 학교에 안 왔어요."

"아니, 왜? 무슨 일 있니?"

"서연이는 눈병이 났고요, 민재는 두드러기가 났대요."

"저런, 요즘 황사 때문에 그런가 보구나."

"황사요? 황사가 뭔데요?"

"황사란 말이다, 아, 수민이가 쉽게 알 수 있도록 아빠가 재밌게 동화로 얘기해 주면 되겠구나."

"동화로요? 와~ 황사 이야기 어서 해주세요!"

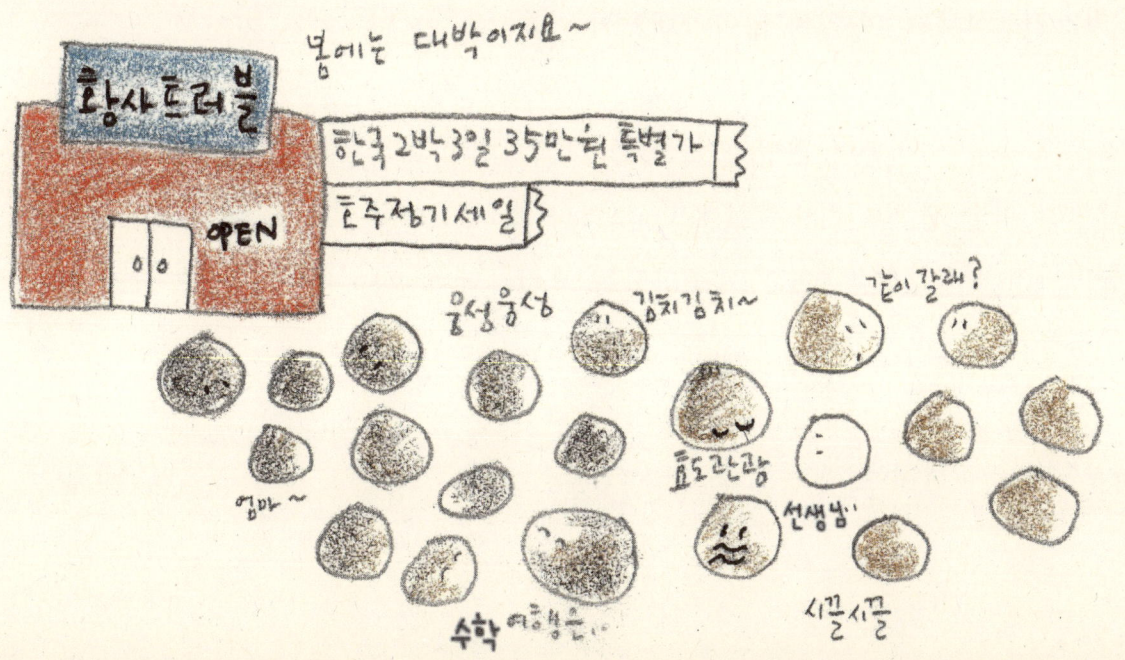

여기는 중국 고비사막. 추운 겨울이 지나고 햇살 따사로운 봄이 찾아오자 겨우내 움츠리고 있던 흙이 기지개를 펍니다.
"아! 드디어 봄이로다. 이번 겨울은 정말 추웠어."
"이제 몸도 풀 겸 풀이 잘 자랄 수 있도록 흙을 부드럽게 만들어 볼까?"
"콜록콜록~ 야, 살살 좀 해. 네 흙이 먼지처럼 날아오잖아."
"어? 기침하니까 더 멀리 날아가네? 어 어, 지금 어디로 가는 거지?"

겨우내 꽁꽁 얼어붙어 있던 흙이 녹아 부서지면서 조금만 바람이 불어도 날아가 버릴 정도로 가벼워졌네요. 그러다 보니 고향을 떠나는 흙이 늘어나기 시작했어요. 여행을 좋아하는 고비사막의 흙이 바람을 타고 세상 구경을 가는군요.

황사가 주로 봄에 발생하는 이유는? 봄철에는 겨우내 얼어 있던 건조한 토양이 녹으면서 잘 부서져 부유하기 쉬운 모래 먼지가 많이 생겨요. 여름에는 강수도 있고, 가을까지는 땅에 식물이 뿌리를 내리고 있어 모래 먼지가 묶여 있지만 겨울을 지나면서 모래 먼지가 땅으로부터 자유로워지는 거예요.

고향을 떠난 흙은 넓고 넓은 중국의 도시가 하루가 다르게 발전하는 모습을 구경하느라 정신이 없네요. 거대한 공업단지와 수많은 사람을 처음 보는 친구들이 깜짝 놀랍니다. 그런데 공업단지를 지나면서 못 보던 친구들이 함께 여행하게 되었어요. 바로 공장 굴뚝에서 나오는 매연이로군요.
납, 알루미늄, 구리, 카드뮴……. 이름도 여러 가지네요.

어느덧 흙은 새 친구들과 함께 중국을 지나고 바다를 건너 대한민국 하늘에 도착했어요. 대한민국을 구경할 친구들은 이만 여기서 내려가고 더 멀리 가고 싶은 친구들은 일본과 미국까지 간다고 하네요.
자, 그럼 우리는 여기서 헤어져 볼까?

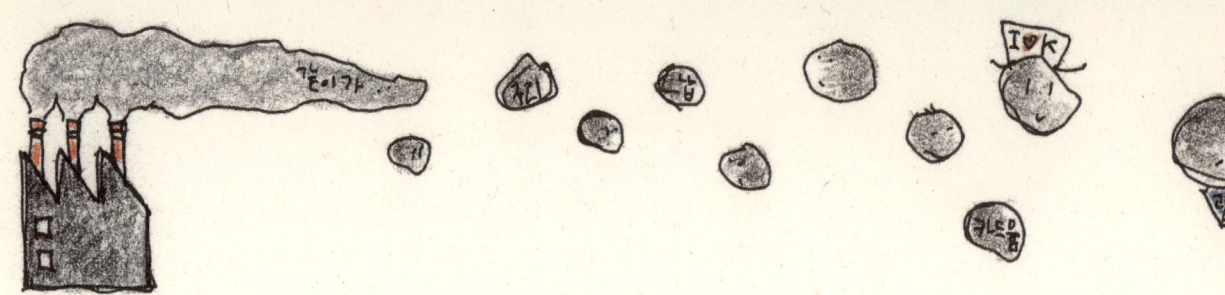

대한민국으로 오는 흙은 바람을 타고 내려오기도 하고 빗물에 섞여 내려오기도 합니다.

새로운 곳에 도착한 흙이 신이 났네요.

"여기가 대한민국이래. 어디서부터 구경할까?"

"여기가 김치의 고향이라며? 난 배추김치가 정말 좋더라."

"그런데 갑자기 좀 어두워진 것 같지 않아? 아직 점심시간인데."

"어, 우리가 햇빛을 가리고 있나 봐. 햇빛이 없으면 나무도 못 자라고 사람도 곤란할 텐데, 어쩌지?"

"우와! 저기 날아오는 거 비행기 맞지? 처음 본다. 가까이 가서 구경할래."

"엑. 몸이 비행기 엔진에 끼었어. 어, 비행기가 막 흔들리네?"

조종사 아저씨들이 바빠집니다.

"흙먼지 때문에 앞이 안 보이잖아. 이런, 엔진에도 먼지가 들어갔나 본데. 큰일 나겠어. 큰 사고가 날지도 모르니 어서 닦아내야겠는데."

"어, 아저씨 왜 자꾸 저희를 떨어뜨리려고 하세요. 우리도 같이 데려가 주세요."

황사가 중국에서 우리나라로 이동하는 이유는? 우리나라는 위도상 중국에서 우리나라 쪽으로 불어오는 편서풍대에 위치해요. 중국 및 몽골 사막 등에서 발생한 토양 먼지가 매년 3~5월경에 편서풍을 타고 이동하여 우리나라, 일본 및 하와이까지 온답니다.

"우와, 저기 예쁜 옷이 걸려 있어. 흠~ 향긋한 비누 향기도 나네.
저 꼬마의 옷인가 보다."
"향기 좋은데 잠시 쉬었다 갈까?"
아이의 어머니가 당황하네요.
"어머나! 흙먼지 때문에 빨래가 다시 지저분해졌네. 어휴, 다시 빨아야
하잖아. 어서 걷어야겠다."
"어, 그게 아니라요 우리는 그냥 잠깐 쉬었다 가려는 건데……."

"이야! 정말 예쁜 장미다. 안녕하세요? 다른 흙 친구들이 올 때까지
잠시 앉아서 기다려도 될까요?"
흙이 장미의 잎과 꽃에 앉습니다. 그런데 꽃이 점점 시들기 시작하네요.
"장미 아가씨, 왜 그래요? 어디 아픈 것 같아……."
"숨이 막혀……. 너희가 내가 숨쉬는 곳을 다 막아 버렸나 봐."
결국 장미는 그 말을 마지막으로 시들어 버리고 말았습니다.

"저기 놀이터에 아이들이 재미있게 놀고 있네. 얘들아, 같이 놀자."

흙 친구들이 서연이와 민재의 얼굴에 살짝 내려앉았어요.

호기심 많은 친구들은 콧속과 눈으로 들어가기도 하네요.

"민재야, 나 눈이 갑자기 따가워."

"어, 너도 그래? 난 뺨도 간지러워. 왜 이러지?"

서연이 어머니가 서둘러 밖으로 나오십니다.

"얘들아, 어서 들어가자. 황사가 이렇게 심한데 밖에서 놀고 있었구나."

"황사? 황사가 뭐예요?"

"중국에서 날아오는 흙먼지란다. 어서 집에 들어가서 먼지를 깨끗이 씻어내지 않으면 피부병이 생길 수도 있고 눈병도 생긴단다. 목이 아플 수도 있어요. 황사가 오는 날은 밖에서 놀면 위험하단다. 어서 안으로 들어가자."

"네? 우리가 그렇게 위험하다고요?

우리는 그냥 같이 놀고 싶었을 뿐인데……."

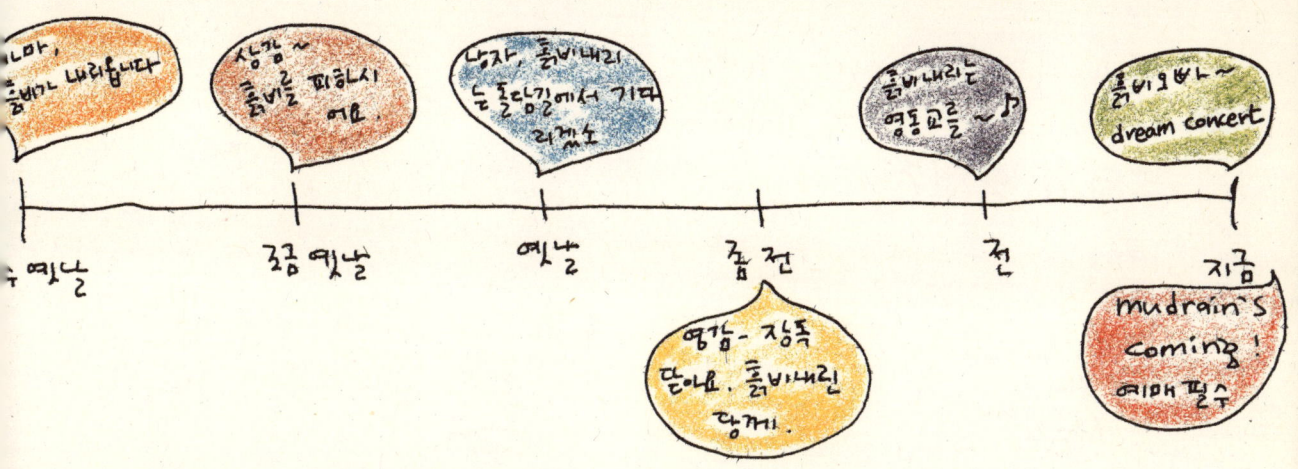

수민이는 알겠다는 듯이 끄덕입니다.
"아~ 그렇구나. 민재랑 서연이가 중국에서 날아온 황사 때문에 학교에 못 나온 거구나. 그런데 아빠, 옛날에도 황사가 있었어요?"
"옛날에도 황사가 왔다는 기록이 있단다. 흙비라고 불렀지. 그렇지만 요즘은 중국이 공장을 많이 세우면서 흙먼지뿐 아니라 해로운 물질인 공장 매연이 함께 불어와 더 많은 피해를 주는 거란다."

"황사가 온다고 하면 밖에 나가면 안 되겠네요?"
"그렇지. 황사 예보가 있으면 될 수 있는 한 나가지 말고 꼭 나갈 일이 있어도 집에 돌아오면 손발을 깨끗이 씻어야 한단다. 황사가 오면 어떻게 해야 할지 좀 더 알아볼까?"

황사가 오면?

어린이와 노약자는 호흡기가 더욱 예민하니까 더 나쁜 영향을 받을 수 있겠죠? 밖에 나가지 않는 게 좋아요.

꼭 나가야 할 땐 황사 방지용 마스크를 쓰는 것이 좋겠죠?

밖에서 돌아오면 꼭 손과 발을 깨끗이 씻고요, 입안과 콧속도 깨끗이 해요.

가축들은 안전한 축사 안으로 대피시켜야죠? 축사의 창과 문을 닫아 두어요.

황사가 묻어 있을 수 있는 과일이나 채소는 깨끗이 씻어 먹어요.

4. 민재의 손에 무슨 일이?
위험한 중금속

민재는 친구들과 밖에서 뛰어노는 걸 정말 좋아해요. 놀이터에서 모래장난도 하고 정글짐과 시소도 타고 친구들과 신나게 놀고 들어오는 민재에게 엄마는 항상 같은 말씀을 하시네요.

"밖에서 놀고 들어오면 손을 깨끗이 씻어야지!"

하지만 얼마나 열심히 놀았는지 피곤하고 배도 고픈 민재는 손발을 씻는 일이 정말 귀찮기만 하지요. 맛있는 간식도 먹어야 하고, 숙제도 해야 하고. 민재도 정말 바쁘거든요.

그래도 민재는 엄마 말씀을 잘 듣는다고 항상 칭찬받는 아이였으니, 실망시켜드리면 서운해하시겠죠. 그래서 엄마가 보고 계실 때면 손을 깨끗이 씻었어요. 사실 엄마가 안 보실 때는 씻지 않은 적도 있답니다.

내일은 학교에서 미술과 체육 수업이 있는 날이에요. 민재는 그림 그리는 것과 뛰어노는 것 모두 아주 좋아해서 벌써부터 신이 났습니다.

"신난다! 준비물은 미리미리 챙겨야지! 크레파스랑 색종이, 가위랑 풀도. 체육복이 어디 있더라?"
민재는 엄마의 도움 없이도 준비물을 빠짐없이 챙겨서 가방에 넣어 둡니다.
어서어서 내일이 되었으면 좋겠어요.

땡 땡 때앵!
드디어 미술 시간이 되었네요. 그리고 싶은 것은 무엇이든지 그려 보는 시간이랍니다. 민재는 준비해 온 크레파스와 색종이를 꺼냈어요. 색깔이 아주 예쁘네요. 그 중에도 빨간색과 노란색 크레파스는 유난히 예뻐 보이고 향기까지 나서, 민재는 문득 궁금해졌습니다.

수박이 왜 이렇게 크지 않니?
다함께 나눠 먹으라는 깊은 뜻!

딸기가 좋아~

백설이도 못 당하
이몸의 매력은!
나, 사과!

"이렇게 예쁜 색깔인데 맛도 있지 않을까? 빨갛고 새콤달콤한 딸기맛이 날 것만 같아."

그때 선생님께서 말씀하십니다.
"크레파스와 색종이는 음식이 아니지요? 맛있어 보일지 모르지만 먹는 것이 아니니까 입에 넣지 말아요, 여러분~ 크레파스는 종이에 그림을 그리기 위한 도구지요? 그림을 다 그리고 나면 꼭 손을 깨끗이 씻도록 하세요."

'이럴 수가, 내 생각이 훤히 보이시나 봐. 깜짝 놀랐네. 근데 왜 엄마도 선생님도 자꾸만 손을 씻으라고 하시는 거지? 정말 귀찮은데. 지금은 밖에서 노는 것도 아니잖아.'

민재는 손 씻는 일이 참 귀찮은가 봐요. 곧 민재는 그림을 신나게 그립니다. 색종이도 오려붙이고 민재가 좋아하는 빨간색과 노란색으로 마음껏 그림을 그립니다.

노란크레파스 vs. 바나나군

여러분도 그림 그리는 것을 좋아하나요?

그리고 싶은 것을 그려 보아요.

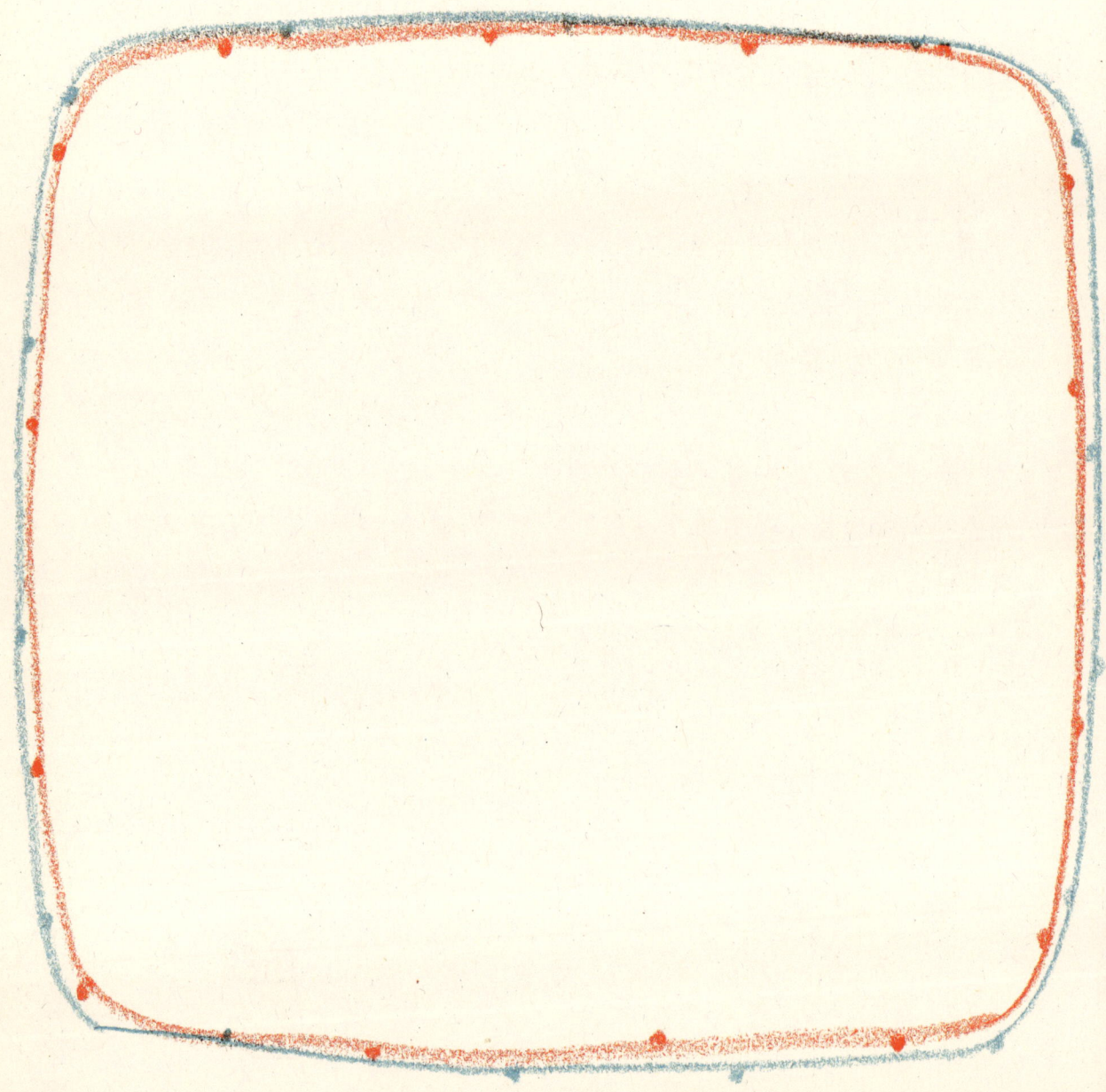

그런데 신나게 그림을 그리고 난 민재의 두 손에도 알록달록 그림이 그려졌네요. 크레파스와 색종이에서 묻은 색깔이에요.

"엇, 손이 정말 지저분해졌네?"
하지만 곧 체육 시간이니 어차피 밖에서 놀다 보면 또 지저분해지겠지요?
민재는 손을 씻지 않네요.

땡 때앵 땡!
이번엔 체육 시간이에요. 선생님이 또 말씀하시네요.
"놀이터에서 노는 동안 손을 입에 넣거나 얼굴을 만지지 말아요. 체육 시간이 끝나면 꼭 손을 깨끗이 씻도록 해요."

놀이터에는 모래가 넓게 깔려 있고 미끄럼틀, 시소, 구름다리, 정글짐까지 많은 놀이기구가 있답니다. 민재는 모래를 가지고 노는 걸 좋아해요. 모래 속으로 손을 파묻어 보기도 하고 휘저어 보기도 하고요. 친구들과 커다란 모래성도 만듭니다. 모래가 손가락 사이에 묻어서 잘 떨어지지 않았지만 친구들과 모래를 가지고 노는 건 정말 재미있어요.

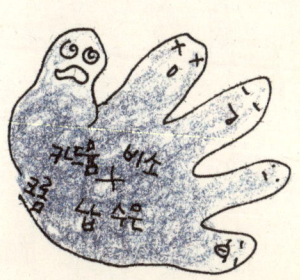

미끄럼틀도 좋아해요. 주욱 미끄러질 땐 좀 무섭기도 했지만요. 시소는 혼자 탈 수가 없지요. 그래서 친구들이 좋은 거랍니다. 정글짐에서 여러 친구와 잡기놀이 하는 것도 정말 재밌어요. 땅에 발이 닿으면 술래가 되는 거예요.

민재의 손에는 모래와 놀이기구에서 떨어져 나온 페인트 가루가 잔뜩 묻어 있네요. 놀이기구에 칠해져 있던 페인트가 오래되어서 가루처럼 떨어져 나왔어요. 자세히 보니 오래된 놀이기구의 녹이 슨 부분에서 떨어져 나온 노란 가루도 있네요. 신나게 노느라 전혀 알 수가 없었어요. 어차피 놀다 보면 지저분해지는 것 아니겠어요? 한참 재밌게 노는 민재는 손이 좀 더러워졌다고 그만 놀 수가 없지요.

"당장 씻지 않아도 괜찮겠지? 어차피 더 놀 건데."
민재는 더러운 손으로 다시 친구들과 열심히 노는군요.

체육 시간이 끝나가네요. 선생님께서 친구들을 불러 모으십니다. 수업이 끝나기 전에 하실 말씀이 있으신가 봐요.
"오늘도 즐거운 시간이었나요? 아프지 않고 건강해야 언제든지 이렇게 친구들과 신나게 놀 수 있겠죠? 그러려면 꼭 지켜야 할 것이 하나 있어요. 다들 잘 알고 있지만 귀찮거나 바빠서 깜빡하기도 하는 일이죠. 밖에서 친구들과 놀거나 미술 시간처럼 크레파스로 그림을 그리거나 한 다음에는 꼭 손을 깨끗이 씻어야 한답니다. 부모님들도 항상 하시는 말씀이지요? 그런데 왜 다들 그렇게 손을 씻으라고 자꾸 말하는 걸까요? 아무래도 이유가 있겠죠.

자, 이 사진을 한번 볼까요?"

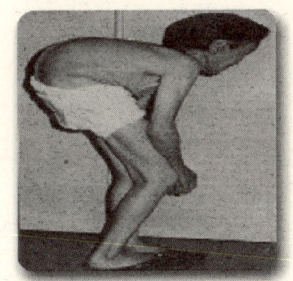
카드뮴 중독(이타이이타이병)

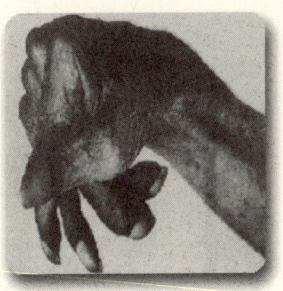
수은 중독(미나마타병)

중금속에 오염된 물고기

"우왓! 저 사람들 왜 저런 거예요? 병에 걸린 거예요?"
"무지 아플 것 같아요. 물고기는 왜 죽은 거예요?"
깜짝 놀란 아이들이 물어봅니다.
"이 사람들과 죽은 물고기는 중금속이라는 것이 몸 안에 쌓여서 아프게 된 거예요. 중금속이란 납이나 카드뮴, 수은이라는 물질을 말하는데, 우리 몸에 아주 해롭고 한 번 몸 안에 들어오면 잘 빠져나가지도 않아서 정말 위험한 금속이에요. 중독되면 피부병이나 근육병이 생기기도 하고 성격이 변하기도 하고 암에 걸리기도 하지요."

중금속에 노출되면?

* 우리 몸의 영양 균형을 깨트려서 뇌세포 성장에도 나쁜 영향을 미친답니다.
* 집중력이 없어지고, 학습 능력이 떨어져요.
* 아토피 등의 피부염이 생기고 키도 크지 않아요.
* 속이 메스껍고 토하거나 잠도 편하게 잘 수 없어요.
* 빈혈이 생기고 암에 걸릴 수도 있어요.
* 근육에 병이 생기고 뼈가 이상해지거나 약해져요.
* 말도 잘 할 수 없게 되고 눈이 잘 안 보이거나 소리도 잘 듣지 못하게 돼요.
* 온몸이 마비될 수도 있어요.

민재의 손에는 언제 중금속이 묻었을까요?

중금속은 미술 시간에 사용한 크레파스와 색종이에 들어 있답니다. 예쁜 색깔을 만들기 위해 사용하는 물질들 중에 중금속이 들어 있거든요. 놀이터에 깔려 있는 모래에도 있고요, 놀이기구를 예쁘게 보이게 하는 페인트에도 있답니다. 여러분 가까이에 많지요.

중금속은 이런 곳에 있어요!

납	자동차 매연, 머리 염색 환원제, 페인트, 신문과 잡지 인쇄 잉크, 땜납, 파이프 연기, 오래된 수도관, 교통이 복잡한 지역에서 자란 야채, 길거리 판매대에 오래 놓여 있던 음식
카드뮴	담배(직접·간접 흡연), 그림도구, 오염된 어패류, 석유화학 제품, 플라스틱, 타이어 연소, 제련소, 카드뮴 도금, 건전지 공장, 생활 쓰레기 소각연기(고무, 플라스틱), 도금 제품, 형광등, 살충제
수은	치아 아말감, 온도계, 압력계, 형광등, 배선·스위치 장치, 안료, 윤활제, 농약, 화력발전소, 쓰레기 소각장
니켈	동전, 식탁 용품, 용수철, 자석, 건전지
비소	오염된 샘물, 농약, 식품첨가제, 오염된 갑각류(새우, 조개) 등을 포함한 해산물
망간	안료, 색소, 농약, 전기 도금, 용접
크롬	도금, 피혁 제조, 색소, 방부제, 약품 제조, 페인트

"어휴, 너무너무 많아요. 중금속이 들어 있지 않은 게 없는 것 같아요. 어떻게 이 많은 중금속을 피해서 건강하게 살 수 있는 거죠? 벌써 우리 몸에는 중금속이 잔뜩 있을 것만 같은데……."

"그렇지? 중금속이라는 게 이렇게 수많은 해로운 점이 있지만 사실은 참 쓰임새가 많기도 해서 필요한 것이기도 하거든. 중금속을 이용해서 예쁘고 오래가는 색깔을 만들기도 하고……. 우리 친구들이 오늘 신나게 논 운동장의 모래와 놀이기구에 칠해진 페인트에도 중금속이 있어요. 그림 그릴 때 썼던 크레파스와 색종이도 물론이고. 그래, 민재 손을 보니 중금속이 아주 가득하겠구나. 종류별로."

민재가 깜짝 놀랐네요. 선생님이 말씀하십니다.
"선생님도 부모님도 항상 뭐라고 하시지? 밖에서 놀고 들어올 때나, 그림을 그리고 놀았을 때나 꼭 손을 깨끗이 씻으라고 했지요?"
"옛? 그럼 손만 깨끗이 씻으면 괜찮은 거예요? 저 당장 손 씻고 올게요!"
"잠깐잠깐, 녀석……. 이제는 열심히 씻겠구나. 그래, 한 번쯤 손을 씻지 않았다고 당장 배가 아프거나 암에 걸리는 건 아니란다. 하지만 귀찮으니까, 이번에는, 하는 마음으로 자꾸 씻지 않게 되면 정말로 중금속이 몸에 많이 쌓여서 아주 아프게 되는 거야. 그러면 친구들과 뛰어놀 수가 없겠지?"

"네~네! 알겠어요. 그럼 이제 손 씻으러 가도 되죠?"
민재가 바람처럼 사라지는군요. 친구들과 뛰어노는 게 정말 좋은가 봐요.
민재는 계속해서 건강하게 친구들과 놀 수 있겠죠? 여러분도 민재처럼
놀이터에서 친구들과 노는 걸 좋아하나요? 어떤 놀이가 제일 재미있나요?
친구가 그네를 밀어 주는 걸 좋아하나요? 함께 시소를 타는 걸 좋아하나요?

이제부터 놀이터에서 놀 때는 조심해야겠죠? 놀이기구의 페인트가 오래돼
벗겨진 것이나 비를 맞아서 녹슨 곳은 손으로 만지지 않는 게 좋아요.
일부러 긁거나 문지르면 안 되겠죠? 흙모래를 가지고 노는 것도 재미있지만
너무 먼지를 내거나 입에 넣거나 하면 안 돼요. 그리고 재미있게 놀고 난
뒤엔 어떻게 한다고요? 네, 민재처럼 바람같이 달려가서
손을 씻는 겁니다. 집에 들어가기 전에 발도
잘 털고요. 놀이터에서
가지고 논 장난감은 깨끗이
씻어야겠죠?
물론 크레파스와 색종이를
가지고 논 다음에도 꼭
손을 씻고요. 색이 칠해진
장난감도 입에 넣거나
하지 말아요.

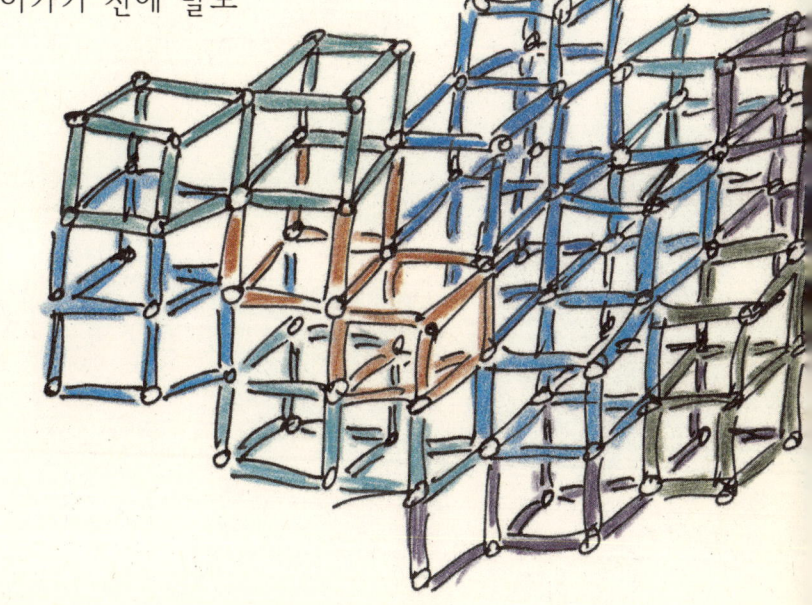

몸속에 있을지도 모르는 중금속을 없앨 수 있는 좋은 음식

손씻기 운동

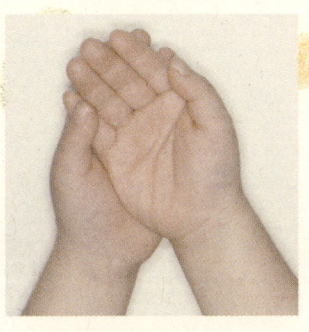
1. 손과 팔을 물에 적신다.

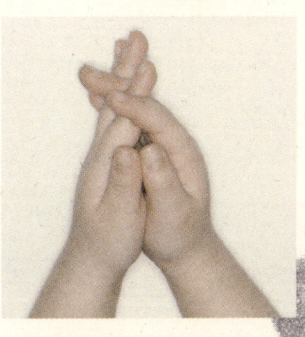
5. 손깍지를 끼고 손바닥을 서로 비비면서 닦는다.

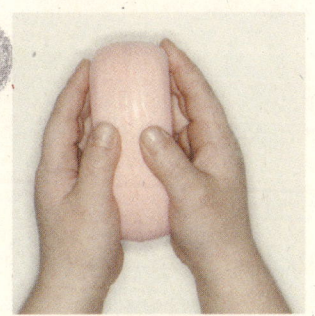
2. 비누를 충분히 바른다.

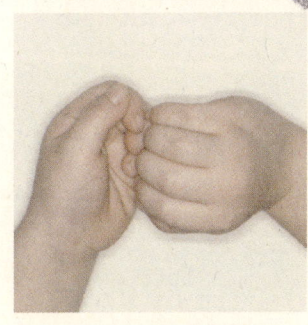
6. 손톱 밑을 문지르면서 손가락 사이를 꼼꼼하게 씻는다.

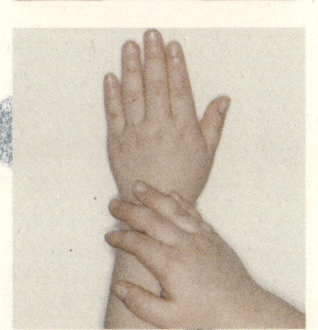
3. 손에서 팔꿈치까지 깨끗이 씻는다.

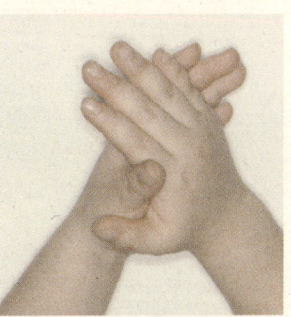
7. 비눗기를 완전히 씻어낸다.

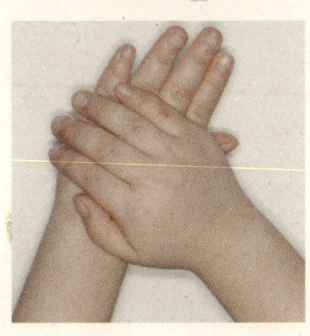
4. 양손등을 손바닥으로 씻는다.

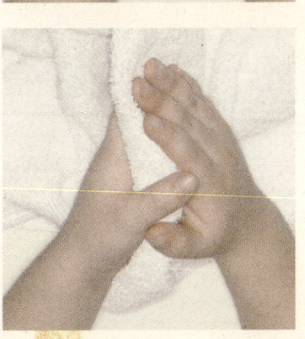
8. 수건으로 손을 닦는다.

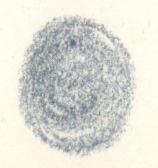

5. 보글보글 예쁜 거품이지만
합성세제의 유해성

민재가 웬일로 엄마가 깨우러 오시기도 전에 벌떡 일어납니다.
"앗싸! 드디어 결전의 날이 왔다 왔어!"
네, 옆반과 축구 시합이 있는 날이었군요. 민재의 눈빛이 오늘따라 유난히
반짝반짝 빛납니다. 공과 신발을 챙겨서 날듯이 학교로 향하네요.

수업 시간에 선생님께서 무슨 말씀을 하셨는지, 도대체 기억나지
않는 민재. 축구 시합 생각뿐이랍니다. 이러면 곤란하지요?
좋아하는 축구 시합도 좋지만 수업 시간에는 공부하자는 겁니다.
공부도 열심히! 놀 때도 열심히!

축구 시합에서 민재는 정말 열심히 뛰었습니다. 결국 민재가 두 골이나
넣어서 민재네 반이 승리를 거두었네요. 기분 최고입니다.
땀을 뻘뻘 흘리며 뛰어다니고 넘어지기도 하고 해서 머리며 옷이
엉망이네요. 어서 개운하게 씻고 싶어요.
"엄마, 우리 반이 이겼어요! 내가 두 골이나 넣었는걸!
엄마? 어디 나가셨나 보네."
민재는 더러워진 옷은 세탁기에 넣고, 목욕을 하려고 합니다.

머리에 물을 적시고 샴푸를 듬뿍 짜서
칠하니까 보글보글 거품이 이만큼 생겼
어요. 머리카락이 날아갈 것 같네요.
반짝이는 거품이 예뻐요. 샴푸를 헹구고
린스도 듬뿍 발랐습니다. 머리카락이
매끌매끌, 이렇게 부드러워서야 원.
물로 씻어내고 나니 완전 비단결이네요.
땀냄새 나던 몸에는 싱그러운 향이 나는
바디 클린저를 스폰지에 덜었더니 다시

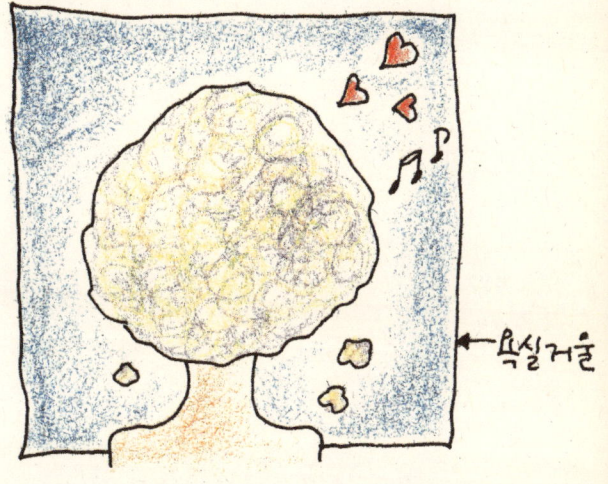
← 욕실거울

거품이 와구와구 북적북적. 엄청나네요. 목욕은 즐거운 일이군요. 목욕을
마치고 나서도 아직 엄마는 돌아오시지 않네요.

"오시기 전에 빨래를 해놓으면 기뻐하시겠지? 역시 나는 멋진 아들!"
민재는 빨래통에 있던 빨래와 축구로 더러워진 셔츠를 세탁기에 넣고 세제를
마구 넣은 후 스위치를 눌렀습니다. 끝나기 전에 섬유린스도 듬뿍 넣었지요.
빨래를 널고 있는데 엄마가 오시네요.

멋진 아들~

"우리 민재가 빨래한 거야?"
"그럼요~ 엄마! 오늘 축구 시합도 우리반이 이겼어요.
제가 두 골이나 넣었다고요!"
"이야~ 역시 멋진 아들!"

민재를 보내고 엄마는 부엌에서 주방세제를 묻혀서 설거지를 하십니다.
"이상하네. 손가락이 왜 이렇게 간지럽지? 지문도 좀 희미해진 것 같고……
병원에 한번 가 봐야 되나."

이때 안내 방송이 흘러나왔습니다.
"안녕하세요. 저희는 환경지킴이입니다. 방학을 맞아 초등학생과 부모님을
함께 모시고 우리의 지구를 건강하게 지킬 수 있는 손쉬운 방법을 알려
드리고 있습니다. 지구를 지키는 일이 곧 우리를 지키는 일이니까요.
집에 어린이가 있으면 오늘 7시에 문화센터로 함께 와주세요."

 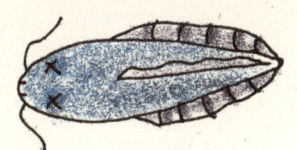  

어머니가 민재와 함께 문화센터에 도착했을 때는 이미 사람들이 가득하네요. 민재와 같은 반 친구들 서연이, 준서, 수민이도 있습니다.

"안녕하세요. 저희는 하나뿐인 지구를 푸르게 지키고자 활동하는 환경동아리 학생들입니다. 이번 시간에는 수질오염의 가장 큰 원인인 합성세제에 대해서 말씀드리겠습니다."

"옛날 옛적 우리 조상들은 머리를 감거나 목욕을 할 때 창포를 삶은 물을 쓰고, 빨래를 할 때는 잿물을 사용했습니다. 자연 성분을 지혜롭게 사용하며 사람과 자연이 함께 건강할 수 있었답니다. 비누를 사용한 것은 약 오천 년 전부터인데, 최근에는 석유를 이용한 합성세제가 등장하였습니다. 주방세제, 샴푸, 린스, 바디 클린저, 변기 청정제, 유리 광택제, 곰팡이 제거제……. 이런 합성세제는 일상생활에 폭넓게 쓰이고 있어요."

"때를 빼주면 좋은 거잖아요?"
민재가 이상하다는 표정입니다.
"집에서 사용하고 버려진 합성세제는 쉽게 분해되지 않아요. 합성세제에 많이 들어 있는 인이라는 물질은 호수나 강에서 생기는 녹조 현상이나 바다가 붉게 보이는 적조 현상을 만들고 강물 위에 막을 만들어서 물속에 산소가 들어가지 못하게 한답니다."

   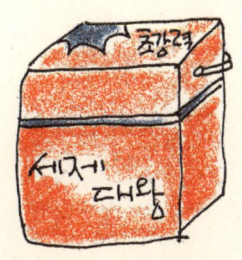

결국 물이 썩게 되는 거죠. 합성세제는 여러 번 헹궈도 옷에 남아서 피부병을 일으키기도 하고, 샴푸 속의 화학 성분은 머리카락을 가늘게 하거나 빠지게 하고, 색깔이 바뀌게 하기도 합니다."

이번에는 민재 어머니가 질문합니다.
"광고를 보니까 요즘 세제들은 무공해에다가 효과도 좋다는데요?"
"물론 환경보호를 위해서 많은 사람이 세제 개발에 노력하고 있지만 아직은 좋은 결과가 없어요. 우선 우리가 할 수 있는 작은 일부터 시작하는 게 중요합니다."

"누구나 할 수 있는 아주 쉽고 간단한 일이 지구를 살린답니다. 세탁을 하기 전에는 세탁기에 물만 채워 1분 정도 애벌빨래를 하면 이미 더러움의 절반이 줄어듭니다. 세제는 필요한 만큼만 넣으세요. 무공해 비누와 천연세제를 사용하시는 게 좋겠지요. 머리를 감을 때도 샴푸 대신 비누를 쓰고 헹구는 물에 식초나 레몬을 한두 방울 넣으면 린스를 사용하지 않아도 머릿결이 부드럽고 건강해집니다. 설거지할 때도 기름기 있는 그릇은 밀가루를 조금 사용해서 닦으면 깨끗해져요."

쉽게 구할 수 있는 천연세제들

버리는 음식 쓰레기도 훌륭한 천연세제랍니다. 식초나 소금으로도 깨끗이 청소할 수 있어요!
엄마와 함께 읽어 보아요.

*물, 소금, 식초를 같은 비율로 섞어서 욕실 청소를 하면 냄새도 없어지고 깨끗해진답니다.
*식용유와 오래된 우유, 귤 껍질로 닦으면 가구가 반짝반짝해져요.
*가죽소파는 바나나 껍질로 닦으세요.
*벽지 얼룩은 빵 조각으로 깨끗하게 지울 수 있어요.
*곰팡이는 베이킹파우더로 없애요.
*유리병은 달걀 껍데기를 넣어서 헹구면 깨끗해져요.
*싱크대 청소는 김빠진 맥주로!
*기름이나 묵은 때는 밀가루와 베이킹파우더, 쌀겨 또는 쌀뜨물로 닦아 내면 깨끗해져요.

찬밥세제 만들기

준비하세요.
찬밥 반 공기(45g), 폐식용유 300ml, 수산화나트륨(가성소다) 반 컵(50ml)

1. 폐식용유는 건더기를 걸러 냅니다.

2. 40℃ 정도의 미지근한 폐식용유에 찬밥을 넣고 밥알이 뭉개질 때까지 계속 저어 주세요.

3. 물에 수산화나트륨을 붓고 녹이세요.
   [물의 양은 전체 물 양(폐식용유)의 30%]
※손에 닿지 않게 주의하세요!
   수산화나트륨을 녹일 때 뜨거워요.

4. 밥을 녹인 폐식용유에 3번에서 만든 것을 넣으면서 섞어 주세요.

5. 2~4주 동안 숙성시킨 후에 사용하세요.

6. 파란 하늘이 좋아요.
오존층 파괴와 스모그

무더운 여름날입니다. 학교에서 돌아오는 길에 민재가 하늘을 바라봅니다.
"오늘도 하늘은 회색이네. 그래도 햇볕은 따갑단 말이야. 시골 외할머니네는 항상 파란 하늘인데…… 하여간 덥다 더워."

집에 돌아온 민재는 곧장 냉장고로 갑니다. 냉동실을 열어 놓고 그 앞에서 아이스크림을 먹더니 에어컨을 켜고 만화를 보는군요. 그런데 오늘은 친구 수민이와 함께 학습과제를 하기로 한 날이네요.
"늦겠다. 그래도 멋지게 하고 나가야지."
헤어스프레이로 머리에 힘도 주었습니다. 뒤도 안 돌아보고 쏜살같이 달려 나가는군요.

집에 돌아오신 어머니는 정말 깜짝 놀라셨어요. 냉장고는 열려 있고 에어컨은 바람이 쌩쌩 나오고 스프레이 통은 거실바닥에 굴러다니니까요. 도둑이 든 건 아닌가 생각하셨을 정도입니다.
"민재 녀석, 이렇게 해놓고 나갔단 말이지."

드디어 민재가 돌아왔네요. 어머니가 부르십니다.

"민재 오늘 엄마와 공부 좀 해야겠구나."

"오늘 나가면서 냉장고 문은 열어 놓고 에어컨도 틀어 놓고 스프레이 통도 함부로 바닥에 던져 두었잖니?"

"아, 죄송해요. 좀 서둘러 나가느라고……"

"그래서 민재가 오존층에 대해 알아 두어야겠다고 생각했단다."

"오존층이요? 하늘에 있는 거죠?"

"그래, 지구를 둘러싸고 있는 공기층 중의 하나인데 우리에게 해로운 자외선을 흡수한단다. 그런데 사람들이 함부로 쓰는 에어컨과 냉장고, 스프레이의 프레온이 오존층을 파괴시켜서 오존층에 구멍이 나고 말았단다. 우리 몸에 해로운 자외선이 우리에게까지 오게 된 거야. 전 세계적으로 오존층을 보호하자는 약속을 하고 실천에 옮기고 있지만 아직도 북극하늘에 거대한 오존층 구멍이 존재한단다. 우리의 지구를 보호하는 길이 우리를 지키는 일이잖니?"

*프레온 대체물질 [HFC134a(Hydro Fluoro Carbon 134a, 불화탄소)] : 오존층을 파괴하는 것으로 알려진 염화불화탄소(CFC, 일명 프레온가스) 대신 에어컨과 냉장고의 냉매로 쓸 수 있는 물질이에요. 전 세계적으로 널리 쓰이는 프레온가스는 1986년도 사용량을 기준으로 95년부터 단계적으로 줄이도록 몬트리올 의정서를 통해 협의되었어요. 우리나라는 한국과학기술연구원이 93년에 개발하는 데 성공하였답니다.

"맞아요, 엄마. 오존층을 파괴하려고 다들 프레온가스를 쓴 건
아니겠지만…… 그렇게 큰 구멍을 내버렸으니. 모두가 힘을 합쳐서
오존층을 보호하지 않으면 곤란할 것 같아요."
민재의 표정이 진지합니다.
이제야 어머니의 표정이 흐뭇해지시네요.

마침 아빠가 돌아오셨어요.
"민재야! 오늘 우리 다 함께 문화회관에 가기로 한 것 잊지 않았겠지?"
"그럼요. 오늘 '코끼리와 나'라는 연극을 보여 주시기로 했잖아요!"
"그래그래, 어서 준비하렴."

민재네 가족이 모처럼 함께 나섰습니다.
"이야~ 엄마 아빠와 함께 연극 보는 거 정말 신나요!
근데 하늘이 왜 이래요? 계속 흐리기만 해요. 안개인가?"
"이건 안개가 아니라 스모그라고 부르는데 연기(smoke)와 안개(fog)가
합쳐진 이름이란다. 요즘엔 경유나 휘발유를 사용하는 자동차 배기가스처럼
석유 연료가 탄 후 빛을 받는 과정에서 생물에 유해한 스모그라는 물질이
만들어져 옅은 황갈색 안개가 된단다."
"아! 지금 하늘이 흐린 이유는 스모그 때문이네요? 그럼 차가 많이 다니는
대도시에 많이 생기겠네요?"

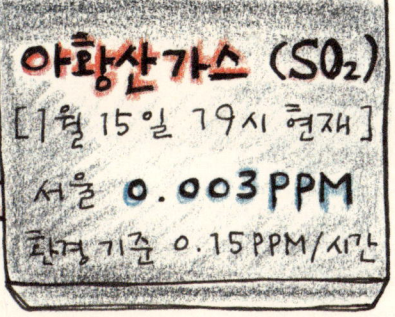

"그렇지! 우리 민재 참 똑똑하구나. 스모그는 단순히 흐린 날씨와는 다르단다. 스모그 때문에 눈도 아프고 코와 목도 따갑고, 식물들도 말라죽게 되지. 자동차 타이어와 같은 고무 제품도 부식된단다."

"아빠, 스모그가 끼었는데 밖에 나오면 어떡해요? 죽을지도 모르잖아요. 얼른 집에 들어가서 창문을 닫아야 하잖아요? 집에 가요."

"허허! 민재야, 앞에 전광판 보이지? 오염전광판이란다. 저곳에는 여러 오염물질의 양, 오존, 아황산가스 등에 대한 정보가 나타난단다. 특히 위험할 때는 TV에서 외출을 하지 말라는 방송도 나오지. 민재도 들어봤지?"

"외출을 하지 말고 마스크를 쓰고 다니라는 말을 들어본 것 같아요."

"스모그가 위험하기는 하지만 집에만 있을 필요는 없단다."

"아빠, 스모그가 많이 만들어지지 않도록 제가 할 수 있는 일이 있나요?"

"아이고! 우리 민재, 기특하구나! 스모그를 줄이기 위해 할 수 있는 방법을 생각해 보자. 어떤 방법이 있을까?"

*광화학 스모그 : 경유나 휘발유를 사용하는 자동차 배기가스처럼 석유 연료가 탄 후 빛을 받는 과정에서 생물에 유해한 물질이 만들어져 옅은 황갈색 안개로 된 스모그예요. 미국 로스앤젤레스에서 처음 확인되었다고 '로스앤젤레스형(LA형) 스모그'라고도 한답니다.

환경지킴이가 됩시다!

깨끗한 대기를 위해 여러분이 할 수 있는 일을 알아볼까요?

여름엔 부채가 제격이지!

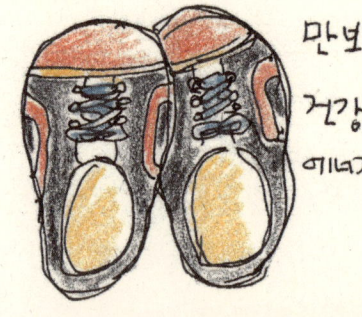

만보걷기! 건강에최고& 에너지절약까지.

역시, 굴차가 좋지요!

나무심기! 모두가 건강해지는 근사한 일이죠.

여러분 스스로 생각해 보아요.

오존층을 지키기 위해 무엇을 할 수 있을까요?

환경퍼즐

가로열쇠

1. 오존으로 이루어진 가스층
2. 머리를 원하는 모양으로 고정하는 데 쓰는 미용 재료

세로열쇠

1. 더러움에 물드는 것, 공기 ○○, 물 ○○
2. 안개와 연기의 합성어
3. 에어컨이나 냉장고의 냉매에서 나오는 물질을 나타내는 말. ○○○ 가스

파란 열매**